Manfred Bofinger

Das Leben eben

Manfred Bofinger

Das Leben eben

Beobachtungen aus nächster Nähe

Mit einem Vorwort von F. W. Bernstein
und einem Nachwort von Volker Pfüller

Mit vier vermeintlichen Fresken von Manfred Bofinger
und zahlreichen Illustrationen von
Jutta Bauer / Beck / Franziska Becker / R. S. Berner /
F. W. Bernstein / Heike Drewelow / Rainer Ehrt /
Klaus Ensikat /Ulrich Forchner / Robert Gernhardt /
Gerhard Glück / Greser & Lenz / Rainer Hachfeld /
Gerhard Haderer / Nikolaus Heidelbach /
Barbara Henniger / HOGLI / Rudi Hurzlmeier /
Ernst Kahl / Harald Kretzschmar / Cleo-Petra Kurze /
Yvonne Kuschel / Wolf-Rüdiger Marunde / Nanne Meyer /
Andreas J. Mueller / Thomas M. Müller / Volker Pfüller /
Andreas Prüstel / Erich Rauschenbach / Anja Rieger /
Herbert Rosendorfer / Rainer Schade /
Reiner Schwalme / Michael Sowa / Hans Traxler /
Klaus Vonderwerth / XAGO / Franz Zauleck /
Anna Zimmermann

Aufbau-Verlag

Der Autor wohnte seit über dreißig Jahren
in derselben Berliner Straße.

Die »Fresken« auf den Seiten 11–13, 23–25, 49–51 und 99–101
hängen im Jahreszeitenabstand an den »Casa«-Wänden.

Das Leben
eben.
Wo geschieht's?
Im Kiez.

Bofi und Shakespeare

Was wissen wir über Shakespeare? Wenig historisch Gesichertes und zugleich doch so viel, daß immer wieder angezweifelt wird, ob jene schemenhafte historische Figur Urheber eines derartigen Werkes sein kann. Denn dieses Werk selbst deutet auf einen Autor, den wir uns ganz anders vorstellen als den Gebrauchsschreiber aus Stratford – in jedem Falle viel brillanter, größer, bedeutender.

Was werden zukünftige Generationen über Bofinger wissen? Auch sein Werk wird weiterleben, denn besonders die Kinder werden es immer aufs neue mit Leben erfüllen, so wie es schon zu Bofis Lebzeiten gewesen ist. Und auf der Faktenseite? Nun, eine ganze Menge mehr als bei Shakespeare. Zukünftige Liebhaber können den Klappentexten seiner Bücher und den Zeugnissen seiner Freunde Biographisches entnehmen. Sie werden sich ein Bild von ihm machen können nach den zahllosen Selbstportraits und nun, mit diesem Band und sozusagen zur Objektivierung, auch nach den liebevollen Bofi-Portraits seiner Zunftkollegen. Dabei werden sie sich unwillkürlich fragen: Was muß das für eine großartige Gestalt gewesen sein, wenn sich die Creme der deutschen

Zeichnerszene ein Stelldichein gibt, um einem der Ihren zu Ehren das zu vervollständigen, dessen Abschluß ihm selbst nicht mehr vergönnt war?
Unvermeidbar werden jene zukünftigen Generationen zu ahnen beginnen, daß dieser Bofi etwas ganz Besonderes gewesen sein muß. Worin die Einzigartigkeit des Menschen und des Künstlers bestand, verraten ziemlich direkt seine Texte, gleich, ob er selbst darin auftritt oder nicht. Bofi erzählt auf dem Papier so unprätentiös und eindringlich, wie er im Leben erzählte, so pointiert wie liebevoll, so hellsichtig wie mit verblüffendem, ganz eigenem Blick. Die Pointen sind, ähnlich wie bei seinen Zeichnungen, eher leise als knallig und darum um so eindringlicher. Was er notiert und wie er es beschreibt, wie er vor unseren Augen aus einer nur scheinbar kleinen Welt einen quicklebendigen Kosmos erstehen läßt, der mit uns zu tun hat; wie er nachsichtig (und selten) tadelt und noch am scheinbar Schwächsten die sympathische Seite aufdeckt – all das läßt den Verdacht aufkommen, daß Bofi auf eigenartige Weise etwas mit dem großen Briten gemein hat, auf das er (sogar hierin vermutlich dem historischen Shakespeare nahe) selbst nie Anspruch erhoben hätte: Brillanz, Größe, Bedeutung.

Ja, man könnte ihn in Anlehnung an einen bekannten Buchtitel als den Gott der kleinen Dinge bezeichnen. Und sieht nicht der gezeichnete Bofi einem (zugegebenermaßen verschmitzten) lieben, etwas runden Gott ziemlich ähnlich? Einem Schöpfer, der aus vielen, liebevoll zusammengetragenen kleinen Dingen etwas Großes entstehen läßt: das Leben eben?
Und wenn sich denn schon der göttliche Dramatiker aus dem alten England ein derart beachtliches Nachleben verdient hat, obwohl wir über ihn selbst so wenig erfahren aus seinem Werk, dann dürfen wir doch wohl davon ausgehen, daß sich unser Manfred Bofinger seine eigene kleine Unsterblichkeit errungen hat mit einem Werk, das so lebendig ist, wie er selbst es für seine Freunde immer bleiben wird.

René Strien
Geschäftsführer
Aufbau Verlagsgruppe

Alle Vögel...

... sind ... schon ...

... alle Vögel ...

... da ...
BOFINGER

... alle !!!

Vorwort

Er kommt auf uns zu.

Er winkt schon von weitem.

Wir wissen: Bofi hat was zu erzählen.

Im vorliegenden Buch läßt er unter der Überschrift »Rufer« solche auftreten, *»die manchmal durch unsere Straße kommen, sporadisch und nie gemeinsam«*, und diese *»gehen einsam schimpfend ihres Weges«*. Diese Narren sind so ganz anders als er; vielleicht ist er deshalb fasziniert von ihnen. Er geht und steht nie allein. Andere sind dabei und hören ihm zu: wir.

Er läßt auch andere zu Wort kommen; aufmerksam hebt er die Augenbrauen – er erfährt gern Neues. Bei ihm sind unsere Beiträge gut aufgehoben. Er macht aus Informationen Geschichten. Geschichten aus der Bücherwelt, über Autoren und besonders über Maler und Zeichner. Oder, wie hier, Erzählstoff aus der Nachbarschaft, aus dem Treptower Kiez, aus seinem Biotop. Wie er aus erlebtem, gesehenem und gehörtem Rohstoff seine Geschichten macht? Es scheint mir so eine Art poetischer Alchimie zu sein, literarischer Goldmacherei. Nein – nicht kostbare Kleinodien oder ewige Werte sind Ergebnis und Ziel, sondern – ja was dann? Was ist das Spezifische an Bofis Texten? Vielleicht sind es komische Formen und Figuren, wie sie beim Bleigießen entstehen? Bei ihm ist aber nicht der Zufall in der Silvesternacht am Werk, sondern allezeit kluge Absicht. Und seine besondere Gabe.

Was für eine Gabe? Ganz einfach: Bofi schreibt und zeichnet. Und er kann beides.

Ein Gegenbeispiel:

Der große Schriftsteller Elias Canetti hat umfangreiche, dicke Bücher geschrieben mit dem langen Atem des Großepikers. Hat diese besondere Qualität des Nobelpreisträgers Canetti vielleicht mit einem Mangel zu tun? In einem seiner autobiographischen Bände gesteht der Autor: Er kann nicht zeichnen. Kein fester Umriß setzt seinen Texten klare Grenzen; Canetti kann den Rand nicht einhalten, und so überfluten seine Sätze viele hundert Seiten.

Wie anders Bofi, der Zeichner. Er faßt sich kurz. Prägnante Konturen umschließen die grafischen und die literarischen Formen und schaffen Übersicht und Deutlichkeit. Und diese kunstvollen Kurzwaren kommen auf uns zu. Und sie kommen gut!

1998 hat Bofi angefangen, solche Texte zu veröffentlichen.

Hier im Aufbau-Verlag. »Miniaturen einer Kindheit« nennt er

seine Erinnerungen »Der krumme Löffel«. 201 Geschichten auf 234 Seiten – er hat auf Anhieb seine Erzählform und sein literarisches Format gefunden. Und der Erfolg dauert an: Auf seinem Grab an der Spree auf dem Stralauer Friedhof bringen viele Besucher statt Blumen Gestecke mit abgeknickten Kaffeelöffeln dar.

Wie Canetti – zum letzten Mal sei er hier genannt – mit seiner Großprosa steht auch Bofi mit seinen »Miniaturen« in einer ehrwürdigen literarischen Tradition, in diesem Fall sind Schwänke, Anekdoten und Aphorismen seit Jahrhunderten maßgebend. Es ist eine Tradition der Leserfreundlichkeit.
Bofi kommt auf uns zu: *»... hör zu, ich muß Dir was erzählen ...«*
Und nie vergißt er, uns, seinen entzückten Lesern, seine präzisen Beobachtungen und Berichte mit einigen lockeren Beilagen an Pointen zu servieren und mit Randbemerkungen zu würzen. Auch im vorliegenden Buch können Sie's genießen.
Meine Lieblingskadenz: *»Ich bin schließlich keine Langhaarkatze!«*
In unserer jahrelang betriebenen Korrespondenz (Zeichnungen auf DIN A5) füllt Bofis Bleistift die Rückseite mit mancherlei Informationen und Grüßen. Es sind wohl seine literarischen Skizzen. Prägnant, deutlich. Sachlicher Rohstoff für spätere Geschichten?

So schreibt er mir am 1. Juli 2004:
Lieber Fritz, Mann oh Mann! Eben kam hier ein solch gewaltiger Gewitterguß herunter, so daß ich (wie schön!) tagelang nicht sprengen muß. Gewaltiger war höchstens die Hochzeit bei Waechters, bei Pfüller spielte »nur« die Swingband von Andre Hermlin (allerdings nur 4 Mann, aber großartig. – Gewaltig waren gestern Abend zur Freude von Luise die Portugiesen …
Komprimierter Stoff für mindestens 4 Kapitel.
Im Sommer 2004 war ich bei der Hochzeit von F. K. Waechter und habe Bofi berichtet. Der wiederum revanchierte sich mit der großen Geburtstagsfeier von Volker Pfüller. Und die Portugiesen? Sie erinnern sich doch sicher an die Fußball-Europameisterschaft 2004 in Portugal, dem Lieblingsurlaubsland der Bofingers. Ach – aber nur er könnte die elegante Kurzform für solche Alltagsfakten finden, unwiderstehlich melodiös wie das musikalische Anfangskapitel von Robert Schumanns »Kinderszenen«: »Von fremden Ländern und Menschen«.
Komm, Bofi, komm!

Berlin, im Mai 2006
F. W. Bernstein

Aglio olio mit Eisbein auf Safranreis

Touristen und Ratten haben zumindest eine bemerkenswerte Gemeinsamkeit. Man sieht sie selten in unserer kleinen Straße. Bei vier Gaststätten für vierzehn Häuser eine erstaunlich geringe Rate.

Unsere Straße ist ein Kiez und gastronomisch autark. Wer will, kann richtig italienisch essen gehen, weil der Besitzer des Restaurants ein Türke ist.

Man kann fast richtig italienisch essen gehen, weil der Koch aus Karachi und der Pächter aus Hessen kommen.

Neben uns wird deutsch gekocht.

Wer Glück hat, speist dort mitunter bei Life-Country-Music.

Das kleine indische Restaurant wird von einem ehemaligen pakistanischen Tuchhändler geführt. Weniger aus Leidenschaft, mehr aus Zeitvertreib, wie's scheint. Man vermutet bei ihm sowieso aus seinem früheren Leben eine gewisse bescheidene Betuchtheit.

Wer weiß, vielleicht wollte er auch nur für seine Frau und für spätere touristenreichere Zeiten ein schönes verlockendes Grabmal schaffen.

Denn sein Etablissement heißt »Taj Mahal«.

Mahalzeit!
TAJ MAHAL
SPEZIALITÄTEN
BECK

Das Gute liegt so nah

Unsere Straße bietet neben ihren gastronomischen Perlen fast alles, was der normale Mensch zum Leben braucht:
Eine Sparkasse mit einigen fast immer zugänglichen Automaten und etlichen Angestellten, die meist um Zugänglichkeit bemüht sind.
Eine Kirche, in der regelmäßig im Spätsommer die vielen Heidenkinder unserer Gegend ihre Einschulung erleben.
Einen Friseur mit so vielen Pokalen im Fenster, wie Steffi Graf und Boris Becker in ihrer aktiven Zeit zusammen erspielt haben dürften.
Eine Buchhandlung, geleitet von einem alleinstehenden Bücherwurm, der schon als Kind den Wunsch äußerte, nicht Lokführer oder Feuerwehrmann, sondern Buchhändler zu werden.
Einen Zahnarzt, der nicht nur um die Geheimnisse der örtlichen Betäubung, sondern auch um die eigene mit Hilfe von Weißwein und Gintonic weiß.
Eine Frauenärztin, die viel zu tun hat, obwohl unsere Straße bereits seit Jahren verkehrsberuhigt ist.
Eine Physiotherapie mit Sauna, in der viele Leute nur deshalb noch nicht waren, weil sie in den Räumen sonst was vermuten.
Einen türkischen Bäcker, der neben süßen warmen Sachen auch kühle Büchsen mit herbem Bier im Angebot hat.
Eine Blumenhandlung, die nach Meinung der Besitzerin besser florieren könnte.

Einen Polsterer, den niemand näher kennt, weil sich alle inzwischen offenbar in preisgünstigen Korbmöbeln von IKEA entspannen.
Einen Kosmetiksalon, in dem viele Frauen ihr äußeres Erscheinungsbild vorübergehend verändern bzw. vermeintliche Fehler der Natur ausbügeln lassen.
Einen Modesalon, der stets etwas bereithält, wenn ein männlicher Bürger am Geburtstagsvorabend der geliebten Gattin oder langjährigen Geliebten noch kein Präsent hat.
Und einen Video-Shop, der Filme im Regal hat, die uns in aller Deutlichkeit vorführen, wie die Welt außerhalb unseres Kiezes beschaffen ist.
Gleich um die Ecke sind ein Fleischer, drei Zeitungshändler, sechs Kneipen, ein Copy-Shop, vier Döner-Buden, zwei vietnamesische Gemüsehändler und zwei Apotheken.
In fünf Minuten ist man zu Fuß im Einkaufscenter, im Kino oder in einer hilfsbereiten Autowerkstatt.
Eine Polizeistation haben wir nicht, dafür aber Bewohner, die gewaltig aufpassen.

Kurzum, wir leben im Schlaraffenland.

Wenn bei Capri ...
BOFINGER
15-05-02

...die

...im Meer

rote Sonne...
BOFINGER
10-05-02

nkt...
BOFINGER
15-05-02

Doppelt und dreifach

Ein Saunagänger, etwas entfernt wohnend, berichtet mir mitunter nicht ohne Stolz, daß er wieder mal mit mir verwechselt wurde. Da er nicht unsympathisch ist, nehme ich seine Information lächelnd zur Kenntnis und denke: Ein Glück, daß die Leute wenigstens unsere jeweiligen Frauen auseinanderhalten können. Ein Mann meines Alters, den ich persönlich für viel ähnlicher halte, geht in letzter Zeit recht häufig an meinem Straßenstuhl vom »Casa« vorbei, ohne mich eines freundlichen Blickes zu würdigen. Vermutlich ist ihm diese Ähnlichkeit, die auch er zu spüren scheint, peinlich.

So möchte er keinesfalls aussehen.

Ich würde mich nicht wundern, käme er demnächst durch die Straße, glattrasiert und mit Haftschalen statt Brille.

BZ
Bofinger Zeitung
FORCHNER '06

Die Geheimnisse des Pissoirs

Eines Tages waren unsere verkehrsberuhigten Menschen in heller Aufregung und Raserei.
Ein Stadtklo wurde vor unserem Haus installiert, möglicherweise hübscher als manche Wohnung, ganz sicher schöner als viele Fassaden. Und vermutlich auf Kosten der Steuerzahler unserer Straße, was sich bald schon als falsch erwies. Aber für wen war es gebaut? Wanderer von weither besuchen uns kaum.
Wer von uns an einem Ende der Straße muß und am anderen wohnt, schafft es locker aufs heimische WC.
In seltenen Notfällen darf ein grüngesichtiger Bürger durchaus den Spüler in einem der hiesigen Restaurants drücken, weil man dort ohne entstehende Kosten diesbezüglich ein Auge zudrückt.
Die Bedienungsanleitung der neuen architektonischen Zierde war in vier Sprachen angebracht. Einschließlich Flaggen. Alles hübsch typografisch gestaltet. Folgerichtig haben es also Deutsche, Engländer, Franzosen und Türken leicht, dort ihren Geschäften nachzugehen, Finnen, Tibetaner, Sibiriaken und Grönländer dagegen äußerst schwer, ihrem Drang freien Lauf zu lassen.
Aber, wie bereits gesagt, solche Menschen besuchen uns selten.
Und wenn, halten sie das neue Gebäude womöglich für das Museum eines großkotzigen Kleinunternehmers, für dessen Mumien-Besichtigung man auch noch ein größeres Geldstück opfern muß, das man sowieso nie in solchen Momenten im Portemonnaie hat.

WC

Allerdings könnte ein pfiffiger Wohnungssuchender mit viel passender klingender Münze dort durchaus vorübergehend wohnen.
Bei größeren Partys fühlte sich kein Nachbar gestört.
Und im Handy-Zeitalter wäre der Bewohner auch an diesem sonst so stillen Örtchen jederzeit erreichbar.
Er müßte nur alle zwanzig Minuten 50 Cent nachlegen. Mit Hilfe einer verläßlichen Eieruhr sollte dies zu schaffen sein.
Solch originelles Eigenheim wäre allerdings etwas schlafraubend.
Aber immerhin entstünden dem Mieter nicht mehr Kosten als 1 116 Euro im Monat, inklusive Strom, fließenden Wassers und anfallender Reparaturen. Denn von Zeit zu Zeit rauscht es gewaltig in der kleinen Marmorvilla. Dann eilen Spezialisten in Overalls herbei, parken im Halteverbot, steigen aufs imitierte Pagodendach, klappen die Wände auseinander, beobachten genauestens und fachmännisch die tollen Röhrensysteme und deren Flüssigkeiten.
Die Innereien wirken wie eine kleinere Kopie der großen Uhr im Europa-Center.
Aber noch nie hat meiner Meinung nach jemand bei den Arbeitern die Zeit erfragt.
Der Schluß liegt also nahe: Das Klo ist eine raffinierte Arbeitsbeschaffungsmaßnahme. Es ist nicht für irgendwelche dubiosen Geschäfte da, sondern es garantiert Menschen Beschäftigung.
Und das ist auch gut so.

Volles Rohr

Zille, der laut Ausweis weder vorn noch hinten so heißt, heißt eben so seit vielen Jahren, obwohl er nicht mal ein Mondgesicht zeichnen kann. Sein Kopf ist rundum kahl. Und eine Brille trägt er selten. Warum er zu diesem berlinischen Namen kam, weiß niemand, nicht mal er. Vielleicht, weil er, wie der berühmte Heinrich, nicht in Berlin geboren ist. Aber dann müßte ja die halbe Berliner Bevölkerung so heißen. Selbst der Bundeskanzler. Ein Künstler ist also unser Zille nicht. Aber ein Lebenskünstler sehr wohl.

Durch eine äußerst raffinierte Planung seines Installateur-Daseins kann man ihn tagsüber oft treffen.

Er ist ein heiterer, lebensfroher Zeitgenosse mit einem ausgeprägten Hang zur Sentimentalität. Was die Feuchtigkeit angeht, wetteifern seine Augen oft mit den vollen Gläsern.

An den Wochenenden hat er eine feste Beziehung, in der Woche nur uns alle.

Das reicht ihm.

CLEO-PETRA KURZE
Rohr
frei

O sole mio

Neben den unzähligen Flaschen über der Theke ist Mario das einzig wirklich Italienische am »Casa«. Die hübsche Hoe hinterm Tresen und alle Stühle im Raum stammen aus Vietnam, die Köche aus Pakistan, Norbert kommt aus der Wiesbadener Gegend, Manuela aus Friedrichshain, Walter aus Stuttgart, und Sylvie träumt oft von ihrer Kindheit und Jugend in Sangerhausen, der Bergarbeiterstadt mit dem größten Rosarium.

Mario, der Italiener, springt nicht nur gelegentlich als Kellner ein, er selbst springt wie ein Gummiball durchs Lokal und zu den Tischen nach draußen. Er ist flink wie ein Wiesel, freundlich und umsichtig. Seine Handbewegungen erinnern an den großen Rastelli. Er selbst ist nicht sehr groß, eher untersetzt. Die Ähnlichkeit mit dem französischen Schauspieler Pellegrin ist verblüffend. Allerdings spielte der immer Fieslinge und ist, so dachte ich, vermutlich im Gegensatz zu dem sehr lebendigen Mario schon lange tot. Aber ungerechterweise leitet er, wie ich kürzlich erfuhr, sein eigenes Luxushotel an der Côte d'Azur. Und der liebenswürdige Mario springt als einfacher Kellner in unserem bescheidenen Kiez umher. Mylady dagegen ist die Ruhe selbst und trotzdem Kubanerin sowie mit Mario verheiratet. Die Hochzeit fand im »Casa« statt. Marios Verwandte aus dem Stiefel-Süden legten temperamentvolle ländliche Tänze auf die alte Auslegware. Und obwohl das alles an einem 1. März geschah, schien die warme Sonne draußen und drinnen. Bis in die späte Nacht.

O sole mio
HENNIGER

Der Mann von gegenüber

In der letzten Zeit sitzt er oft allein am einzelnen Tisch, neben dem Durchgang zum Zigarettenautomaten und Klo. Schon ab halb zwölf, wenn das »Casa« öffnet, und oft vier Stunden und länger. Manchmal hängt der Kopf minutenlang nach unten. Vielleicht, weil der Mann Australier ist. Er senkt sein Haupt natürlich nicht aus antipodischer Gewohnheit, sondern aus Heimweh.
Er schaut in die Richtung, wo sein Sohn gerade schläft, den er in Öl gemalt haben will. Da habe ich Glück gehabt, denke ich, daß ich dies nicht kann. Ich würde den Vater vermutlich enttäuschen, da australische Kinder bei mir stets Ähnlichkeiten mit Koalas, Känguruhs oder Kaninchen aufweisen. Und die sind ja, wie jeder weiß, bei den Menschen dort nicht so beliebt wie bei uns.
Vielleicht neigt der gutangezogene Mann den Kopf, weil er gewaltige Mengen Wein in relativ kurzer Zeit trinken kann. Es gibt eventuell gar keinen Wein in Australien, und mir fällt plötzlich meine Große Oma ein, die immer alles »bevorraten« wollte.
Möglicherweise ist der Mann auch nur müde. Denn er trägt einen Pferdeschwanz. Und Pferde schlafen ebenfalls in dieser Haltung. Zumindest, was den Kopf betrifft. Doch bei näherem Hinschauen entdeckt man Akten auf seinen Knien, die er langsam und geheimnisvoll durchblättert. Es heißt, der Mann vom fünften Erdteil soll ein erfahrener Trainer für Manager sein. Das sind doch, denke ich verblüfft, die Leute, die bei Pressekonferenzen und Aktionärsversammlungen das Haupt stets besonders hoch erheben.

Eine runde Sache

Links neben unserem Hausflur befindet sich ein Gullydeckel im Pflaster. Durch Zufall, sicher an einem Tag, wo ich im Nieselregen ins »Casa« wollte, wie immer ohne Schirm und deshalb mit gesenktem Blick, entdeckte ich dieses runde Tor zur Unterwelt. Nichts Besonderes eigentlich. Aber ich sah geübten Auges sofort, daß auf ihm, verziert, hübsch angeordnet und in prächtigstem Gußeisen, drei Buchstaben, und zwar die Initialen meines Freundes F. W. Bernstein prangen, mit dem mich seit vielen Jahren ein grafischer Briefwechsel verbindet.
Zuerst dachte ich, er hätte sich, länger im Geschäft als ich und immerhin ordentlicher Professor, als Überraschung eine Rohrpoststrecke für unsere Korrespondenz ausgedacht. Am anderen Ende vor seinem Steglitzer Wohnhaus wäre dann ein ähnlicher vermeintlicher Gullydeckel mit meinen Initialen zu finden. Ich hielt diese Idee letztlich für unsinnig, da weder ein Briefschlitz noch ein Tiefbauhebelarm zu finden waren.
Und dann bemerkte ich das unmotivierte Kreuz zwischen den Buchstaben, was dem Gullydeckel eine sakrale Bedeutung verlieh. Verstohlen fotografierte ich dieses geheimnisvolle Objekt am nächsten trockenen Tag und behielt bis heute die ganze Sache für mich.
Ohne vorher natürlich meinen Freund F. W. Bernstein angerufen zu haben, der sich bis heute zu meiner Beruhigung bester Gesundheit erfreut.

CASA PLESSER

Der fahrende Mittagstisch

Ich habe den Motor bereits an- und die Scheibe heruntergelassen. Da läuft ein fremder alter Herr forschen Schritts auf mein Auto zu und sagt ohne Gruß, aber sehr freundlich:
»Ich habe noch keinen Hunger!«
Ich bin etwas verwirrt.
Er dagegen ruft fröhlich: »Aber gegen eins bin ich zu Hause!«
Seine Informationen lassen weder eine Frage noch eine Antwort meinerseits folgen. Ich bin einfach sprachlos.
Und jetzt ist die Verwirrung auf seiten des Mannes. »O Gott, Sie sind wohl nicht der, der mir neuerdings das Essen bringt?«
Seitdem halte ich mittags Ausschau nach Männern, die in unserer Gegend etwas Eßbares mit sich herumtragen. Ohne nennenswerten Erfolg.
Den alten Herrn habe ich bisher auch nicht wiedergesehen.
Hoffentlich ist er nicht verhungert.

Salute!

Gegen zwei Uhr nachts komme ich nach langer Autofahrt heim und finde, welch seltener Luxus, zu meiner Freude gegenüber von uns einen Parkplatz.
Alle Gaststätten sind zu.
Die Straße ist menschenleer.
Nur der türkische Besitzer unseres großen »Italieners« steht vor seinem soeben abgeschlossenen Restaurant, sieht und begrüßt mich. Und fragt in seinem bezaubernden reduzierten Deutsch, ob ich etwas trinken möchte.
Erfreut und lechzend sage ich »Ja!« und denke, er öffnet noch mal für mich und zapft mir ein schönes kaltes Bier oder spendiert mir einen Chianti.
Doch er greift nur lächelnd unter den linken Ärmel seiner Jacke und reicht mir wortlos seine Wasserflasche.

SOWA

Die Ma-Ma-Ma-Familie

Max habe ich schon gekannt, da machte er gerade seine ersten Schritte und sprach die ersten Worte. Er wohnte nie in unserer Straße und ist dennoch in ihr sozusagen aufgewachsen.

Im »Casa« hatte er beizeiten seinen Stammtisch und stopfte gewaltige Mengen von Eis und anderen süßen Sachen in sich hinein. Deshalb erinnerten mich seine Milchzähne stets an das marode Gebiß meiner Spielfreundin Püppi im Nachkriegsberlin.

Max konnte als Kleinkind sehr ansteckend kichern, aber er konnte auch auf grauenvollste Weise schrill schreien, wenn irgend etwas gegen seinen Willen geschehen sollte. Er mutierte in solchen Momenten im Nu zum leibhaftigen Oskarchen, und es war mir immer ein Rätsel, warum nie Gläser, Scheiben oder Flaschen zersprangen. Im Zustand fröhlichsten Ausgelassenseins gelang ihm jedoch sein Meisterstück. Über eine Trennwand hinweg segelte sein linker Schuh, Größe 24, in den Suppenteller eines Herrn, der nicht einmal zu den Stammgästen zählte. Der Herr verzieh ihm und wurde seitdem häufiger als Esser gesehen, in gespannter Wartesitzung. Doch die spektakuläre Landung ist inzwischen Jahre her, nichts Vergleichbares hat sich ereignet.

Max ist beinahe erwachsen, das heißt, er hat die ersten Grundschuljahre gemeistert. Seine Eltern Manuela und Manfred sind sozusagen aus dem Gröbsten raus und planen Maxens künftige Höhenflüge. Möglicherweise denken sie dabei an Peter Hacks und seinen »Schuhu und die fliegende Prinzessin«.

Der Schauspieler

Ich kenne seinen Namen nicht, er würde ihn auch weder mir noch irgend jemandem verraten. Er spricht mit keinem, nur mit sich selbst. Oft französisch oder in Versen, meist in sehr bedeutungsvoller Deklamation.

Einige Menschen, denen ich Glauben schenke, wissen genau, daß er vor Jahren Schauspieler war, am Theater und beim Fernsehen. Manchmal ist er längere Zeit nicht in unserer Gegend zu erleben. Aus Krankheitsgründen, wie die Leute sagen.

Dann ist unser Kiez weniger bunt. Denn die ungewöhnlichen Verkleidungskünste des Mannes sind bemerkenswert.

Mal geht er eilig, Schirm oder Einkaufsnetz schwingend, mit dickem cremefarbigen Rollkragenpullover und langem weißen Schal, wie ein Opernsänger ein Ende über der Brust, das andere über dem Rücken tragend, mit Shorts und Sandalen ums Karree. Dieser Aufzug ist selbst an strengen Wintertagen nicht selten.

Tage später wandelt er würdigen Schritts mit Turban, langen weißen Leinenhosen, hellgrauen Handschuhen, breiten roten Hosenträgern über dem kurzärmligen T-Shirt durch unsere Straße. Dabei faßt er äußerst zierlich ein geschnitztes Stöckchen mit Daumen und Zeigefinger. Auch großkrempige schwarze Hüte scheint er zu lieben, die er verwegen und neckisch in Schräglage bringt. Hin und wieder hab ich ihn dazu einen großen schlaffen Rucksack tragen sehen, obwohl er bereits eine pralle Plastetüte in der Hand schleppte.

... um das leben schöner zu finden...

Jeder, der ihm begegnet, auch wenn er diese Auftritte längst kennt, dreht sich um und lächelt. Selbst Kinder sind offenbar verzaubert von den Verkleidungskünsten. Nie hab ich erlebt, daß jemand über ihn eine böse oder dumme Bemerkung gemacht hätte. Fast alle wissen, daß er offenbar ganz für sich allein diese Verwandlungen genießt, daß er sie möglicherweise braucht, ohne den Beifall, den sonst Schauspieler erwarten.

Meine Tochter Karoline hat als kleines Kind den klugen Satz gesagt: »Ich denke, der verstellt sich nur, um das Leben schöner zu finden.«

Der Herbst…
14/10/02
BOFINGER

...steht auf der Le
BOFINGER

...und färbt die Blätt
BOFINGER

ter...
14-10-2002

bunt...
15-10-02

Graffitis

Unsere Straße ist voll mit Zeichen, die nur Eingeweihte entschlüsseln können. Gesprüht wird in der Regel auf alle unteren Häuserwände. Manchmal trifft es auch Hausflure, Höfe und unser Stadtklo.
Verschont werden, zumindest bis jetzt, Fensterscheiben, Autos und die dunkelroten Klinkerwände unserer Kirche.
Betroffen ist auch unser alter Fahrstuhl. Er ist besprüht, bekratzt, bemalt und übersät mit Brandmarken.
Anderen, jüngeren Fahrstühlen im Kiez ergeht es noch schlimmer, wie ich weiß.
Nazisymbole halten sich in Grenzen.
Die Graffitis machen unsere Straße zwar bunter, besitzen jedoch selten ornamentale Überzeugungskraft. Sie werden, das behaupte ich, nicht in die Kunstgeschichte unserer Stadt eingehen.
Tut mir leid, eine Eastside-Gallery wird das nie und nimmer.
Allerdings hat mich das dreifache grellrote »Ich liebe dich!« auf den frischen hellgelben Wänden zwischen Physiotherapie und türkischem Bäcker überzeugt.
Zumal viele Menschen unterschiedlichsten Alters meiner Beobachtung nach im Vorbeigehen lächelten, als fühlten sie sich selbst angesprochen.
Denn wer schreibt heutzutage noch Liebesbriefe?

YSÜL
FEL
ÖNER
OT
CREW
Yo!
Ich liebe
Euch doch alle!
19
SCHADE!

Rätselhaft

Gleich um die Ecke hat mich ein Kulturklub zur Lesung aus meinem »Krummen Löffel« eingeladen.
Es ist gerammelt voll.
Von achtzehn bis achtzig sind alle Altersgruppen vertreten.
Eine gute Mischung.
Ich bin bei bester Laune, begrüße die Zuhörer und lege los.
Vor mir in der ersten Reihe sitzt eine alte Dame.
Genau in dem Moment, als ich zu lesen beginne, hebt sie ein Rätselheft vors Gesicht und schreibt etwas hinein. Sie macht das auch bei der nächsten und übernächsten Geschichte.
Es ist so, als säße sie mit Kopfhörern bei einem Konzert von André Rieu oder den drei Tenören.
Ziemlich verwirrend.
Ich beginne mich zu teilen. Einerseits lese ich unbekümmert weiter, andererseits überlege ich als begeisterter Rätselrater, ob die alte Dame auch weiß, wie der Quellfluß des Ubangi oder Till Eulenspiegels Freundin heißt, ob sie den indischen Wasserbüffel und den Ort in Südthailand kennt.
Ich meine, ich könnte sie zwischendurch fragen und ihr spontan das südamerikanische Nagetier oder die Währungseinheit in Westsamoa nennen.
Die Dame erinnert mich an meine Mutter, die zwar viel älter wäre, aber aus Gewohnheit auch ein Rätselheft in der Hand hätte.
Vielleicht nicht unbedingt bei meiner Lesung.

Meine Stimme liest, und meine Gedanken schweifen ab.
Ins Senkrechte und Waagerechte.
Nie ahnte ich, daß so etwas überhaupt geht. Aber es geht vortrefflich.
Mit einem Auge beobachte ich die Raterin, während das andere die Buchzeilen abtastet.
Die Dame lächelt oft, wenn sie schreibt.
Lächelt sie meiner trefflichen Pointen wegen oder weil ihr soeben der islamische Rechtsgelehrte oder der Berg in Malawi einfiel?

Die Lesung ist beendet.
Die Leute sind begeistert.
Auch die alte Dame klatscht stürmisch Beifall und legt das Rätselheft vorher in den Schoß.
Als ich ihr später ein Buch signiere, meint sie lächelnd, ich hätte nicht nur meine, sondern auch ihre Kinderzeit wunderbar beschrieben.

Ich freue mich schon auf die nächste Lesung dort.
Aus meinem neuen Buch »Ein dicker Hund«.
In sieben Wochen ist's soweit.

FWB

Rufer

Wer hat nicht schon einmal den Wunsch in sich verspürt, auf offener Straße laut zu schimpfen, auf die Zustände im Land, auf die Lottozahlen, auf Präsident Bush, auf den verregneten Sommer, auf Gott und die Welt?
Dieses menschliche Bedürfnis wird in der Regel verdrängt durch Schamhaftigkeit, Leidenschaftsschwäche oder ausreichende Gesundheit des Geistes.
Insofern sind jene zu beneiden, auf die Gesagtes nicht zutrifft und die manchmal durch unsere Straße kommen, sporadisch und nie gemeinsam.
Zwei Frauen und zwei Männer, die sich vermutlich gar nicht kennen, gehen einsam schimpfend ihres Weges.
Niemand hat Lust, ihnen zu widersprechen.

Leben zu viert

Als wir die kleinen Mäusekötel in unserer Speisekammer fanden, war klar, wir waren mal wieder zu viert.
Mutter, Vater, Baby Luise und die Maus. Sofern es nur die eine sein sollte.
Wir hatten Rike, unsere Katze, vorübergehend zur Oma gegeben. Wegen des Babys.
Vom Bauernhaus in der Uckermark waren wir zwar Mäusedreck gewohnt, aber hier in der Stadt, neben Zucker, Mehl und Breichen, gefiel uns das weniger.
Nach längerer Suche hatte ich das Mauseloch im Fußboden gefunden. Das hätte Rike ganz bestimmt trotz ihres Alters sofort entdeckt.
Schließlich spazierte die Maus sogar unbekümmert auf unserer Gasleitung entlang und wirkte possierlich.
Was war zu tun?
Ich hätte Stunden, wenn nicht Tage zubringen müssen, darauf zu hoffen, die Maus beim Verschwinden ins Loch beobachten zu können, um sie dann fix mit Hilfe eines Korkens auszusperren.
Ich baute also aus einem Schuhkarton eine tierfreundliche Falle, in die die Maus zwar ging, aber nicht tappte. Anders gesagt, sie holte sich stets die trefflichen Köder geschickt aus dem Karton.
Und die schwarzen kümmelähnlichen Beweise, daß sich unser Untermieter bester Verdauung erfreut, konnten wir nun überall in der Wohnung finden.

RSB

Also entschlossen wir uns schweren Herzens, eine klassische, hinterlistige, tödliche Mausefalle zu erstehen.
Am selben Abend, während der Fernseher lief, hörten wir erschrocken das Klick aus der Küche.
Ich mußte gehen. So war's vereinbart.

Am nächsten Tag habe ich das Mauseloch zugegipst. Das machte mich nicht froh, sondern mehrte mein schlechtes Gewissen.
Ich bin schließlich keine Langhaarkatze.

Millenniumsnebel

In meinem engsten Umfeld leben besessene Pyromanen. Sie zünden zwar keine Häuser, Ställe, Autos oder Strohballen an, aber sie decken sich regelmäßig zum Jahresende mit Unmengen von Feuerwerkskörpern aller Art ein. So auch zum Jahreswechsel ins nächste Jahrtausend.
Diesmal trugen sie doppelt so viele explosive Plastetüten in unsere Wohnung, mit glänzenden Augen und entsicherten Feuerzeugen. Obwohl alle überzeugte Nichtraucher sind, der große und der kleine Rainer sowie mein Schwager Ecki.
Die wenigen Stunden bis Mitternacht wurden für die drei wie jedes Jahr zur Tortur. Aufgeweichte Salzstangen wirkten wie lüstern wartende Lunten. Die hektischen Vorfreudeunterhaltungen waren gespickt mit mir völlig unbekannten Vokabeln wie Rainbowcracker, Superfrog, Spicebreaker und Heavenhunter.
Doch im Gegensatz zu dieser nervösen Sitzgruppe wußte ich, der hin und wieder aus dem Fenster geschaut hatte, daß immer dichterer Nebel aufkam.
Um es kurz zu machen: Nach dem Abschuß der ersten Raketen stellte sich heraus, daß die spektakulären Explosionen von keinem menschlichen Auge zu er-spähen waren, selbst vom Dach unseres vierstöckigen Hauses nicht. Das neue Jahrtausend hatte recht undurchsichtig begonnen. Pyromanen und Knallkörper mußten 366 Tage auf ihren nächsten Einsatz warten.
Na dann, Prost Neujahr!

Xago

Petri Heil!

Als wir Anfang der Siebziger in die Acht zogen, war Herr Bulicke unser Nachbar.
Er hatte den Zooladen gegenüber und war der hoch angesehene Präsident eines Angelvereins. Vor Jahren war er mehrfach Berliner Meister geworden. Und nun, längst im Rentenalter, wußte immer noch niemand besser als er, welcher Wurm zu welcher Zeit und welcher Teig für welchen Fisch an den Haken zu spießen war.
In seinem Geschäft gab es die sonderbarsten Gerätschaften und kuriosesten Köder. Heerscharen von Petrijüngern kamen von überallher, um hier in unserer kleinen Straße diese seltsamen Waren zu erstehen.
Außerdem schienen im Angebot Meerschweinchen, Goldhamster, exotische Fische und Wellensittiche zu sein, aber fast alle konnte man Wochen und Monate im Laden bewundern, denn Herr Bulicke verkaufte nur ungern eins der Tiere. Nicht weil er so an ihnen hing, sondern weil er der Meinung war, daß sie möglicherweise woanders nicht richtig behandelt würden.
Nicht selten überredete er Eltern, vom Kauf für die lieben Kleinen Abstand zu nehmen. Und die Eltern waren nicht unglücklich darüber.
In Vertretung aller enttäuschten Kinder kamen unsere drei oft in den tröstenden Genuß einer wundervollen Darbietung.
Wenn wir Großen mal später nach Hause kamen, klingelten sie bei Herrn Bulicke und setzten sich erwartungsvoll um seinen

Ohrensessel. Er zündete sich eine dicke Zigarre an, holte sein Schifferklavier vom Ofen und spielte für sie die Lieder von den Caprifischern, den treckenden Nordseewellen und von der Möwe, die in die Heimat fliegt.
Das bedeutete, auch die Eltern von nebenan waren vermutlich längst wieder eingeflogen.

WERNER

Eine Etage über uns, bei Vater, Mutter und Hund, wohnte Werner, ein kleiner, blasser, dünner Junge, still und freundlich, mit Kassenbrille und hellblonden Haaren. Die Eltern machten irgendwo in Berlin Hilfsarbeiten. Beide waren nicht größer als ihr Sohn, und wenn sie mal zu dritt irgendwohin gingen, trug der Vater einen komischen steifen Hut und wirkte dadurch größer als Frau und Kind. Eines Tages nahm er dem Hund und sich das Leben.

Die Witwe hatte nur wenig Einfluß auf ihren Sohn, der bereits angefangen hatte zu trinken.

Beide zogen in eigene Wohnungen ganz in der Nähe.

Werner hatte Schule und Lehre nicht geschafft. Nach der Wende saß er oft mit den ortsbekannten Trinkern auf der Bank vorm alten Kino und ließ unter dem Gegröle der Alten seine Hose herunter, um den Passanten seinen kleinen blassen Hintern zu zeigen. Damit hatte er sich eine weitere Bierdose verdient.

Seine Brille hatte er längst irgendwo verloren.

Die Mutter ging manchmal durch unsere Straße, gebeugt und mit hastigen kurzen Schritten. Sie wurde, so schien es mir, immer kleiner, stiller und unscheinbarer. Doch einmal hielt sie, sprach mich an und sagte leise: Der Werner ist tot. Er hat bei mir Kaffee getrunken. Und er ist einfach vom Stuhl gefallen. Einfach so zur Seite gefallen. Mitten im Satz ist er gefallen. Einfach zur Seite. Als wenn er schlafen will. Er hat mich angeguckt und ist zur Seite gefallen. Mitten im Satz.

Ein besonderer Fall

Im »Casa«, das eine vietnamesische Vergangenheit hat, wie jeder Gast heute noch leicht an den Stühlen erkennt, hing ehemals an der Stirnseite ein großes erleuchtetes Fließbild. Ich bin mir nicht sicher, ob solch ein Kunstwerk tatsächlich so genannt wird. Auf jeden Fall befand sich in ihm ein elektrischer Mechanismus, der in einer südostasiatischen wilden Flußlandschaft einen Wasserfall in Gang setzt.

Natürlich nur scheinbar, aber täuschend realistisch.

Wie im Kino.

Kunstfreunde, Kinder und Kanuten sowie leicht alkoholisierte Gäste ließen sich über Jahre begeistern von den zuverlässig herabstürzenden Wassern des Mekong.

Doch eines Tages stürzte das Bild selbst herab, aus ungeklärter Ursache, und zwar einer speisenden Dame auf den Kopf.

Es floß kein Blut, aber spendierter tröstender Wein in Strömen.

Und der Wasserfall erfüllte selbst in diesem Fall seine wunderbare Mission. Denn die Dame mit der Beule, die jeden weiteren Anspruch auf Schadenersatz kategorisch ablehnte, ist seit dem doppelten Wasserfall Stammgast.

Dennoch war nun das bewegte Leben des Fließbilds verflossen.

Alles ist vergänglich.

Panta rhei.

SAIGON
FranziskaBECKER/06

Extra

Als dem singenden Gastwirt Robbi Lind die heutige »Schiefe Ebene« gehörte, holte ich von dort oft frisches Faßbier im alten Siphon, vorschriftsmäßig nach altbewährter Art gezapft, mit einem vorsintflutlichen Adapterschlauch.

Das dauerte seine Zeit, und ich konnte stets aufs neue das große Schild über der Theke bewundern.

Darauf stand in kleinen Buchstaben:

Spezialität des Hauses

darunter größer:

Currywurst

und in riesigen Lettern:

Extra scharf!!!

In der Mittagszeit strömten hungrige Menschen aus allen Himmelsrichtungen herbei mit je zwei tiefen Tellern. In den einen kamen die Würste, und der andere deckte sie zu.

Die Zeit von Pizza und Döner war noch weit.

HOGLI

Kürbis

Zwischen beiden Mauerstreifen, die im Frühjahr 90 noch sinnlos herumstanden und durch die sich bereits ein geduldeter Grenzübergang ohne Kontrolle gebildet hatte, gab es ungewöhnliche Pflanzenarten im Wildwuchs, die später durch Neubepflanzung, Straßenbau, parkende Autos, Weihnachtsbaumverkäufe und Errichtung mehrerer Zirkuszelte verschwanden.
Linker Hand gab es noch einige Monate nach der Wende Kleingärten, die zur »Freude« der Pächter bald gekündigt wurden und Neubauten wichen. Unsere nächste Umgebung ist dennoch reich an Laubenpiepersiedlungen, die eine Jahrhunderttradition haben. In der Baumblütezeit ist es ein Vergnügen, dort hindurch zu laufen oder zu fahren. Dennoch käme ich aus familiärer Erfahrung nie auf den Gedanken, einen solchen Kleingarten haben zu wollen.
Allein schon wegen der preußischen Gesetze und Vorschriftsregeln.
Ein eigener bescheiden bepflanzter Balkon reicht für die botanische Glückseligkeit. Und doch spürte ich ein unerwartetes kleingärtnerisches Interesse, als vor dem »Casa« inmitten von Blumen und Unkraut ein Kürbis heranwuchs. Freundlich blickte er Gäste und Passanten aus dem dichten Grünzeug an, weil er noch keine gruslige Halloween-Fratze hatte.
Vermutlich bekam er die erst von dem verpaßt, der ihn Ende Oktober geklaut hat.

Television

Ein altes Gurkenglas mit durchlöchertem Schraubdeckel bewirkte, daß in unseren mitteleuropäischen Haushalt die Exotik Ostasiens und die Ästhetik des Jugendstils Einzug hielten.
Grafikstudenten der Schöneweider Fachschule hatten mir als Dank für ein Seminar im erwähnten Behältnis Stabheuschrecken geschenkt.
Bisher hatten wir nur zwei Katzen, die irgendwo in der Wohnung herumlagen, und drei Aquarien in meinem Atelier mit selbstgekescherten Süßwassertieren, Friedfischen, Raubfischen und einer monströsen Libellenlarve.
Womit sie alle zu füttern sind, wußten wir längst.
Und was die neuen Haustiere, die wie dünne Zweige aussahen, für ihr Leben gern fraßen, hatten die Studenten mir bei der Verabschiedung verraten, nämlich das Grüne von rosenblättrigen Pflanzen, von Brombeeren und normalen Rosen aller Art eben.
Da es in einer Großstadt eher wenig Brombeerbüsche gibt, lag es also nahe, daß ich meiner Frau außerplanmäßig Rosen kaufte, nebenan in Gödeckes Blumenladen.
Die Heuschrecken, die inzwischen getarnt Platz genommen hatten in einem größeren Glasbehälter, ausgestattet mit kahlen Zweigen, stürzten sich geradezu auf die frischen Blätter, die ich beim Überreichen des Straußes unterschlagen hatte.
Jedes Insekt fraß das jeweilige Rosenblatt eifrig in sich hinein, indem, stets von links beginnend, die kleinen Mäuler Zeile für

GURKEN
HURZLMEIER 2006

Zeile zuschnappten, so wie eine alte Schreibmaschine die Buchstaben hämmert. Immer von links nach rechts. Seltsamerweise nicht umgekehrt, obwohl ja in vielen asiatischen Ländern, woher ja unsere gierigen Freunde stammten, so gelesen wird.
Da ich es, bei aller Liebe, unpassend fand, meiner Frau täglich Rosen zu schenken, die es damals ja auch nicht jeden Tag gab, erzählte ich Gödeckes von unseren neuen seltsamen Mitbewohnern und deren lukullischen Leidenschaften. Nachdem die ekelverzerrten Gesichtszüge der beiden Floristen etwas entspannter wurden, da ich ihnen erklärt hatte, daß die Vertreter unserer Spezies keine Flügel hätten und somit nicht plötzlich als Heuschreckenschwarm in ihren Blumenladen einfallen könnten, versprachen sie mir, die beim Binden abgeschnittenen Blätter für mich, genauer gesagt für unsere dünnen Freunde, zu sammeln.
Zweimal die Woche erhielt ich einen Karton von der Größe eines Reisekoffers, dessen pieksiger Inhalt sofort bis auf wenige Strünke in die Speckitonne unseres Hauses wanderte.
Manchmal fragten mich Gödeckes bei der Grünzeugübergabe, ob das Futter denn auch reiche.
Sie hatten, und ich ließ sie bis zum bitteren Ende in diesem Glauben, offenbar die Vorstellung, daß unsere Familie in einem riesigen Terrarium lebe, sozusagen als Untermieter, mit Tausenden von verfressenen Insekten, die sich aufgrund der guten Fütterung ständig vermehrten, was sie auch tatsächlich taten.
Allerdings wurden die hellgrünen Babys, die sich aus braunen, an die Glasscheibe geklebten Eiern herauszwangen, nicht selten

kannibalisch von den Eltern verschlungen. So veränderte sich der Tierbestand über lange Zeit nicht, bis nach einigen Monaten die ersten Alttiere das Fressen verweigerten und zu wirklichen Zweigen verdorrten.
Als schließlich die allerletzten Exemplare bei einem Temperatursturz im Sommer erfroren, war die ganze rosenblättrige Heuschreckenplage vorbei. Dennoch stellte sich Trauer ein.
Mit Rührung dachten wir an die vielen schönen Abende, an denen wir und unsere Freunde um unseren Rhönbock herumsaßen, auf das beleuchtete Terrarium in der Mitte starrten und dem leichten Wippen und pedantischen Fressen unserer fernöstlichen Freunde zusahen.
Ein wunderbarer Ersatz für triste Fernsehabende.

Sicher war dies einer der Gründe, warum Gödeckes, als sie vom Ableben der ungewöhnlichen Kundschaft erfuhren, nicht nur das Rosenblättersammeln einstellten, sondern auch ihren Blumenladen aufgaben, um gleich daneben einen Video-Shop zu eröffnen.
Um uns eine Alternative zum schlechten Fernsehprogramm zu bieten.

Casablanca

Wenn es jemand darauf anlegt, verlassene Portemonnaies oder in Telefonzellen abgestellte Schuhe zu finden, dann ist es Quintino. Am Hacken des italienischen Stiefels geboren, lebt er seit Jahrzehnten in Deutschland und spricht eine Sprache, die weder italienisch noch deutsch zu nennen ist. Dafür jedoch spricht er viel und schnell. Und meistens handelt es sich um die Beschreibung zahlloser seltener Krankheiten, die ihn stets und ständig befallen.

Er besitzt einen Trenchcoat und einen Hut mit breiter Krempe. Beide trägt er so, daß man den Eindruck hat, Humphrey Bogart persönlich betritt den Raum oder läuft ziellos durch unsere Straße. Selbst die unvermeidliche Zigarette wird so gehalten, als warte der Mann auf das Schlagen der Klappe zum nächsten Take und Ingrid Bergman käme in Kürze um die Kiefholz-Ecke gesaust. Doch mit Ausnahme seiner Rechtsanwältin hat man Quintino bisher nie in Begleitung einer Dame gesehen.

Auch einen Whiskey hält er nie in seiner Hand wie das unzweifelhaft bekanntere Double, sondern höchstens Vino oder Espresso. Die Körpergröße jedoch stimmt genau, und vermutlich war der Mann mit dem rasanten Italodeutsch nicht unglücklich darüber, zuletzt einen Karton mit Damenschuhen gefunden zu haben. Denn die soll Humphrey ja auch getragen haben, um in Liebesszenen der Bergman das Wasser reichen zu können.

Ich schau dir in die Augen, Großer!

MUELLER

Kurzschluss

Wenn es im Kiez Probleme mit Elektrik oder Elektronik gab, wurde E-Norbert gerufen. Er trug diesen sonderbaren Namen, um vom »Casa«-Norbert unterschieden zu werden, und war durchaus damit einverstanden.

Die Havarien und kleineren Aufträge wurden von ihm schnell, zuverlässig und billig erledigt. Er war immer freundlich, hilfsbereit und wirkte dennoch stets so, als wäre er auf der Flucht. Niemand wußte genau, warum.

Man munkelte von Schulden. Offensichtlich hatte er sich in mysteriöse Machenschaften verstrickt oder auf dunkle Geschäfte eingelassen.

Einmal war er sogar längere Zeit aus unserer Gegend verschwunden, und nur wenige wußten, daß er nicht im Ausland war, wie mancher glaubte.

Er schwärmte von Holland und den tollen Arbeitsbedingungen dort und war vermutlich nie aus Deutschland herausgekommen. Nur aus Thüringen, wo er geboren war.

Sein gehetztes Wesen drückte sich in eiligen watschelnden Turnschuhschritten aus, denn bei einem Leitersturz hatte er sich vor Jahren beide Fußgelenke gebrochen.

Sein Liebesleben bestand offenbar auch aus kurzen hastigen Beziehungen.

Aus einer frühen, lange geschiedenen Ehe gab es einen kleinen Sohn, auf den er sehr stolz war und den er mit elektronischen

Spielgeräten verwöhnte. Denn die konnte er ihm prima erklären. Plötzlich rauchte und trank er mehr als sonst, wurde melancholisch, und wie immer war nichts aus ihm herauszukriegen.
Doch eines Tages, zur Freude aller, die ihn kannten, schwärmte er ausgelassen von einer festen Arbeit in Holland, die er am nächsten Morgen per Flug antreten sollte, beschrieb die beinahe paradiesisch anmutenden Bedingungen, die ihm dort vertraglich geboten würden. Denn er habe sich kürzlich genauestens vor Ort erkundigt und alles klargemacht.
Er verabschiedete sich von jedem, der ihn kannte, mit feuchten Augen und langer Umarmung, für ein halbes Jahr etwa, wie er sagte. Denn dann würde er uns besuchen und über alles berichten.

Am nächsten Morgen, genau zur genannten Flugzeit, fand ihn ein Gerichtsvollzieher in Begleitung von Polizei und Räumungstrupp in seiner Wohnung.
Erhängt an einem Elektrokabel.

Wasser ist Leben

Freunde kann man sich nicht aussuchen. Sie kommen manchmal über einen wie ein Sturzbach. Das wissen wir inzwischen.
Drei Tage über Ostern liefen Wassermassen von der Decke herab durch unsere verwaiste Wohnung in die geschlossenen Läden darunter. Wir lebten noch in der handylosen Zeit.
Ein Katastrophen-Telegramm in die ländliche Uckermark schreckte uns auf. Und nun standen wir in einer verwahrlosten triefenden Bude, und unser Kind war im Krabbelalter.
Die Wohnung über uns war noch gar nicht bezogen, aber sie hatte bereits einen defekten Klospüler, den Verursacher der Sintflut, und neue künftige Mieter, die sehr bald schon notdürftig und tröstend bei uns tapezierten und strichen. Doch die modrigen Gerüche und das Krachen in den langsam trocknenden Türrahmen und Wänden konnten auch sie nicht verhindern oder mindern. Darum besuchten wir die neuen Mieter über uns manchmal in ihren trockenen, ruhigen und wohlriechenden Räumen.
Inzwischen sind wir enge Freunde und teilen uns seit vielen Jahren ein Wochenendgrundstück.
Dicht am Wasser.

Mauerloch

Neben der alten Post stand damals eine Telefonzelle, die aussah wie alle anderen ihrer Art im Osten.
Private Fernsprechanschlüsse gab es wenig. Dadurch lag es nahe, daß sich an den öffentlichen Menschenschlangen bildeten. Das bekannte in Form eines Emailleschilds »Fasse dich kurz« hing nur noch selten im Innern und wurde höchstens dem momentanen glücklichen Teilnehmer vom nächsten Wartenden durch kurzes Öffnen der Tür laut mitten ins Gespräch gerufen.
Es gab durchaus hin und wieder, besonders zu Ostern und Weihnachten, Warteschlangen von zehn oder zwölf Personen, aber eine Schlange von dreißig Menschen und mehr wie bei unserer Telefonzelle am alten Postamt, besonders oft an Abenden, gab es nirgendwo. Und dies geschah ja auch nicht immer. Nur dann nämlich, wenn jemand bemerkt hatte, und wie ein Lauffeuer verbreitete sich die frohe Botschaft, daß man wieder mal für ein östliches Zwanzigpfennigstück »nach drüben« telefonieren konnte.
Deus ex machina!
Keine technische Schranke, nur die Menge der Wartenden bestimmte eine rücksichtsvolle zeitliche Gesprächsbeschränkung.
Warum die Deutsche Post diesen menschenfreundlichen technischen Defekt über so lange Zeit nicht registrierte, gehört sicher zu den großen Geheimnissen eigenwilliger Technik.

HACHFELD

Lifting

In unserem Haus steht und bewegt sich das älteste Fahrzeug der Straße. Es wurde 1912, im Geburtsjahr meiner Eltern, gebaut und eingebaut, in einen hohen Käfig aus Schmiedeeisen und Drahtgeflecht. Es bewegt sich auf Knopfdruck vertikal vom Parterre zur Dachetage und zurück, es befördert zuverlässig und kostenlos Großfamilien, Bierkästen, Reisekoffer und Schmerzpatienten.
Die Innenwände aus Holz, Riffel- und Spiegelglas erinnern an den Oberkörper eines dilettantisch tätowierten Matrosen. Sie sind übersät mit Bildern, Schriftzügen und Zeichen, geritzt, gebrannt, geschrieben und gesprayt.
Der Fahrstuhl ist ein lebendiges Museumsstück.
Und:
Zwei Häuser neben uns ist die Kirche.
Darin spricht man das Vaterunser.
Wir bewegen uns in ihm:
Pater noster.

Recycling

Neben unseren Hausbriefkästen steht ein gewaltiger Papierkorb, eine großherzige anonyme Spende.
Woche für Woche wird er randvoll, mit aufdringlicher Werbung, die trotz deutlichen Sichtvermerks, das jeweilige Blechgehäuse zu verschonen, gleichmäßig, oft doppelt und dreifach, verteilt wird. Die eigentliche Post paßt demzufolge nur noch selten hinein.
Die ungebetenen Drucksachen sind auf feinsten Papieren und Kartonagen gedruckt, mitunter in hervorragender Qualität. Aber wie ein dummer Satz, wunderschön gesprochen, genauso dumm bleibt, wie er ist, kann nichts darüber hinwegtäuschen, daß ein brillant gedruckter Unsinn eben Unsinn ist.
Obwohl ich seit über dreißig Jahren im selben Kiez wohne, lebte ich die erste Hälfte in einem anderen Land, in dem feinstes Papier und bester Druck für durchaus anspruchsvolle Dinge wie Bücher selten waren.
Ich ärgere mich deshalb immer wieder darüber, wie schlecht und ungerecht alles verteilt ist auf der Welt. Wie unsinnig mir Papierverschwendung erscheint.
Aus unseren ersten großen IKEA-Verpackungen baute ich beispielsweise Kaspertheater mit Kulissen.
Eins ist immer noch im Gebrauch, im Kindergarten um die Ecke.
Seit Jahren überlege ich, was man mit den vielen Pizza-Kartons machen könnte, die durch unsere Straße getragen und nach dem Verzehr des Inhalts in die Papier- und Mülltonnen gestopft

Rasierklingen
jede
Gillette
MACH3
versch. Sorten,
jede 150/
125-ml-Flasche
35 % Vol.,
jede 0,7-Liter-Flasche
LANDKÜCHE
Tipp
Tipp
Spreequell Aktiv
versch. Sorten,
12 PET-Flaschen à 1-Liter,
jeder Kasten(+ 3,30 Pfand)
Grundpreis:
Extra
Magnum
Eiscreme
1,99
Frolic
Fresh Packs
Komplette
Mahlzeit
jede 5x1,5 kg=7,5-kg-Packung
10,99
Yeni Raki,
Finlandia Vodka
oder Bacardi Rum
Carta Blanca
und weitere Sorten,
45/40/37,5 % Vol.,
jede 0,7-Liter-Flasche
Solero

werden. Hübsche einheitsformatige rot-weiß-grüne Falzelemente vielleicht für Plattenbausiedlungen oder Großraummosaiken. Möglicherweise ließe sich im Stile Christos der Palast der Republik damit verpacken.
Eine Kopie der Berliner Mauer ließe sich gestalten.
Beim Staatsbesuch in Peking könnte von Berlusconi ein riesiger pseudochinesischer Papiertiger überreicht werden.
Auf der Felsenbühne Rathen würden Italo-Western die Touristen begeistern, indem sich Stuntmen live von den Höhen der Sächsischen Schweiz in die Knautschzonen Tausender Pizzakartons stürzen.
Oder man erfindet einen Pizzakarton-Domino-Day fürs Guinnessbuch der Rekorde.
Eins jedoch geschieht ganz sicher:
Aus den Exemplaren mit den saftigsten Fettflecken baue ich mir im Rentenalter so 'ne Art Kon-Tiki-Floß und folge auf ihm Thor Heyerdahls Spuren über die Weltmeere.

28.10.01

Lasst ūns fro

ünd münter sein...

Herr P.

Als neben uns die Wohnung von Herrn Bulicke frei wurde, zogen aus Altersgründen Frau M. und Herr P. aus der dritten Etage runter in unsere direkte Nachbarschaft. Beide waren längst im Ruhestand, d. h. Herr P. war täglich unterwegs ins »Filmeck«, um dort regelmäßig so viel zu trinken, daß er schwer das neue Zuhause fand.

Der Aufgang unseres Nebenhauses ähnelte sehr dem unseren. Und ich wurde oft gebeten, ihn von dort aus den unterschiedlichsten Etagen hinunter-, in unser Haus hinaufzutragen und bei Frau M. abzuliefern.

In meiner frühesten Kindheit erging es meinem Vater mit Herrn Baran sehr ähnlich, nur mit dem Unterschied, daß dieser stets beschmutzt in unserem Hauskeller lag.

Bei meiner persönlichen Samaritertätigkeit kam allerdings hinzu, daß sich Herr P. aus Trotz gewaltig schwer machte wie ein störrisches Kind.

Manchmal klingelte auch Frau M. aufgeregt bei uns, um mir mitzuteilen, daß ihr Mann tot auf dem Küchenstuhl säße, was auch meine Diagnose gewesen wäre.

Der Notarzt stellte dann jedoch wie so oft einen ungewöhnlichen Tiefschlaf fest.

Erst unser Umzug auf die andere Straßenseite entließ mich aus meiner tragenden Rolle.

16
18

Es werde Licht

In manchen Altbauten gibt es einen architektonischen Restraum, der Lichtschacht genannt wird. So einen konnten wir durch zwei Fenster in der Acht bewundern, vom Flur und vom Klo.
Der Lichtschacht hieß vermutlich so, weil die Wände dieses engen Hofs schwarz gestrichen waren, und wenn man die Fenster öffnete, wurde es dunkler in der Wohnung.
Auch von einer Lüftungseinrichtung konnte man nicht sprechen, denn es stank im Lichtschacht stets schlimmer als im Klo, zumal wir als Mieter der ersten Etage dicht über dem Schachtboden lebten.
Im Parterre des Hausflurs gab es eine Tür, durch die sich nur wenige wagten. Einige Male im Jahr entsorgte ich tapfer die mumifizierten Taubenbälge und sonstige Merkwürdigkeiten.
Gegen die ständig tropfenden Abflußrohre im hohen offenen Nebenraum war allerdings nichts zu machen. Das meinten auch die resignierenden Handwerker der Wohnungsverwaltung.
Keiner fand sich, der den Lichtschacht dicht macht.
Denn sie wußten:
Resträume machen Pestträume.

VONDERWERTH '06

Opa

Kapinos wohnte früher oben in der Acht. Mit einer befreundeten Frau, die eine Tochter hatte, die eine Tochter hatte. Deshalb hieß Kapinos schon Opa, bevor wir einzogen.

Damals war er Obermeister in den nahe gelegenen Elektroapparatewerken an der Spree, die sehr viel früher Stalins Namen trugen.

Geschichten aus dem Werk, die er erzählte, waren oft erstaunlich und erhellend, sie ließen Rückschlüsse auf den wirtschaftlichen Zustand des Landes zu.

Und nicht nur auf den wirtschaftlichen.

Eines Nachts wurden auf dem Betriebsgelände zwei Schwimmer vom Werkschutz festgenommen, die geglaubt hatten, nach dem Überqueren der Spree im Westen zu sein.

Opa erlebte noch die Treuhandphase der ehemaligen Stalinwerke, dann ging er in Rente.

Als straffer Spaziergänger mit vorbildlicher Körperhaltung durchwandert er aufmerksam den Kiez. Und manchmal schiebt er mit Grandezza ein bemerkenswertes Fahrrad mit exotischem Styling durch unsere bescheidene Straße.

Er hat es sich aus Amerika mitgebracht, wo er seit der Wende jährlich Verwandte besucht.

Vielleicht sehe ich ihn eines Tages sogar darauf sitzen.

Der Sonnenschirm

Tante Edith, die Erbtante meiner Frau, ließ sich in einem Moment der Großzügigkeit dazu herab, ausgerechnet mir zu Lebzeiten noch etwas vertrauensvoll zu übergeben, d. h. mit mir in ihren Keller hinabzusteigen. Ich war überrascht und voller Erwartung. Die Übergabe geschah äußerst geheimnisvoll und zeitaufwendig, denn die Tante war schwer gehbehindert und suchte mit Hilfe einer glimmenden Taschenlampe sehr lange in einem Wust von verstaubten abgestellten Gegenständen. Dann endlich hatte sie's gefunden. Das Vorkriegsmodell eines total verblichenen Sonnenschirms mit verrostetem Eisenständer. Ich war entzückt, zumal mir aufgetragen wurde, das wertvolle Schmuckstück sofort auf unserem Balkon aufzustellen und mit äußerster Vorsicht zu behandeln. Nach großer Danksagung fuhr ich gen Heimat und überlegte, wie die Entsorgung des verfrühten Erbes geschehen könne. Mir kam eine wunderbare soziale Idee, die ich bei Anbruch der Dunkelheit in die Tat umsetzte. Am sonnigen Vormittag zeigte ich meiner Frau vom Balkon aus, wie die bereits eingetroffenen Stammtrinker glücklich auf ihrer Bank saßen, im Schatten von Tante Ediths Sonnenschirm. Die überraschende anonyme Sachspende führte zu umfangreicherem, aber verträglicherem Biergenuß. Wir standen auf der Empore. Und unsere Mienen verrieten Güte und Zufriedenheit. Während eines Sommergewitters mit starken Windböen landete unser Schirm auf der Kreuzung unter einem Lastzug. Die Neugierde aber auf weitere Erbstücke war geweckt.

GRESER & Lenz

Nachwort

Dieses Nachwort gerät ein wenig zum Nachruf, denn der Abschied, den unser Freund Manfred Bofinger von uns genommen hat, ist noch sehr frisch. Es war ein langer und trauriger Abschied, der so gar nicht zu ihm passen wollte. Als er noch lebte und wirkte, schien alles an ihm und um ihn munter und fröhlich zu sein, vor allem sein ungeheures Werk strahlte große Heiterkeit und Optimismus aus. Sein Nachlaß ist noch nicht geordnet, und doch haben wir hier schon ein nachgelassenes Werk gedruckt vor uns. Bofi, ich nenne ihn hier so, wie ich ihn mein Leben lang angesprochen habe und wie es Hunderte andere auch getan haben, war ein großer Zeichner. Ein Zeichner, der in seinen Zeichnungen immer Geschichten erzählt hat, so daß es nicht wunderte, daß er schließlich auch Geschichten aufgeschrieben hat. Verwunderlich war eher, daß er das auf Anhieb so gut konnte. Zwischen dem Zeichner und Schreiber Bofinger gab es wenig Verständigungsschwierigkeiten, es hielten ja ohnehin beide dasselbe Gerät in der Hand. So sind viele Werke entstanden, in denen Bild und Text innig befreundet sind.

Mit Geschichten hat er seine Freunde zum Lachen gebracht, und er selbst hat sich auch gern etwas erzählen lassen, war ein dankbarer und emotionaler Zuhörer und wußte eine gute Story zu schätzen. Einmal hat er sich sogar, als ich einen Witz erzählte, vor Lachen den Finger gebrochen.

Bofi war ein ungeheuer fleißiger Künstler. Viele hatten den Eindruck, daß ihm alles so zuflog, von Glückspilz und Sonntagskind ist da die Rede. Er selbst liebte diese Pose, aber wer sein Leben besser kennt, weiß, daß diese Leichtigkeit selbst für ihn nicht ganz umsonst zu haben war. Er hatte allerdings für sich Methoden gefunden, die ihm die Arbeit moderat und lustvoll machten. Wir waren viele Jahre lang recht vertraute Freunde, wir haben mehr als ein Jahrzehnt auf einem einsamen, gemeinsamen Bauernhof viel Zeit miteinander verbracht, und unser beider Kinder sind wie Geschwister aufgewachsen. Wir haben dort sogar ein gemeinsames Atelier gehabt, und das ging. Ich glaube, dort hat eine gegenseitige stille Beeinflussung und Erziehung stattgefunden.

Trotz mancher Kenntnis fällt es mir schwer, zu beschreiben, wie er arbeitete. Ich habe ihn so gut wie nie ratlos, unschlüssig oder ohne Einfall erlebt. Er hat die Ideen zu seinen Zeichnungen oft auf dem Bett liegend skizziert oder aufgeschrieben. Da durfte

man ihn nicht stören. Dann ging er ins Atelier und hat gewissenhaft wie ein Handwerker seine Bilder gezeichnet und auf seiner Ideenliste abgehakt. Auch da durfte man ihn nicht stören. Er liebte schlagende Ideen, die er auf geradem Wege mit schnellem Griff wirksam machte. Er achtete sehr darauf, daß das Familienleben harmonisch war, er war auch dabei pünktlich und hielt Verabredungen ein. (Er haßte es, wenn Kollegen ihre Arbeit nicht organisieren konnten und damit ihre Umgebung tyrannisierten, was in unserem Beruf nicht allzu selten ist.) Daraus ergab sich ganz natürlich eine sehr entspannte Haltung zum Beruf, ohne jeden Dünkel. Seine Ernsthaftigkeit und Unnachgiebigkeit in Angelegenheiten, die ihm wichtig waren, möchte ich hervorheben, da er auf viele den Eindruck eines lässig kuscheligen, unkomplizierten Kumpels machte.
Allerdings war er andererseits wieder kindlich und verspielt. Als wir das Gras auf dem Hof sorglos zu hoch wachsen ließen, wurde der Rasenmäher auf ein Kinderwagengestell montiert, da er die volle Halmlänge nicht bewältigen konnte. So erhöht, schnurrte er munter vor sich hin, das Gras unter sich wie ein Hubschrauber peitschend zu Boden drückend. Den Rasen mußten wir dann von Werner aus dem Dorf mähen lassen.

Ein Obstpflücker wurde gekauft, Bofi hat ihn angeschäftet an einen schmucken, etwa meterlangen roten Besenstiel. Er erinnerte an ein flottes Schmetterlingsnetz, die Reichweite galt aber als unbefriedigend. Ein zweiter Besenstiel wurde angenagelt, der beim Pflücken der ersten Äpfel leider brach. Gleich daneben wurde er wieder angehämmert. Der dritte Stiel war ein langer, etwas krummer Pappelast. Er wurde an die abgebrochenen Enden gebunden. Der Obstpflücker war inzwischen so schwer, daß man ihn auch ohne Obst kaum halten konnte. Wir hatten einen launig hergestellten Spazierstock, vervollkommnet durch ein ausrangiertes Mopedtachometer. Wir hatten eine Angel, wo an der Rolle ein Bleistiftstummel lustig um sich selber schnurrte und etwas malen konnte. Wir hatten parodistische Fahnenappelle, Bofi war der Bürgermeister, wir hatten eine Brandschutzgruppe, die auch fürs Bier verantwortlich war, und wir hatten eine Zeitlang einen Schlagbaum mit »Pförtner« am Weg. Realität und Satire gingen unbekümmert verschludert ineinander über.

1984 ordnete Bofi sein Leben neu. Er trennte sich von seiner Frau und heiratete zum zweiten Mal. Sein zeichnerischer Strich veränderte sich, die klare Linie und die sauber ausgelegten Farbflächen wurden durch lockere Bleistiftstriche und valeur-

reiche Aquarelle ersetzt. Es gab auch neue Themen, er näherte sich mehr dem freien Kunstbereich. Eine Ausstellung in Berlin-Lichtenberg ist mir da in besonderer Erinnerung. Es war eine überraschende Revolution in Bofis Werk. Er griff bald wieder auf seine erprobten Mittel zurück, aber auf jeden Fall blieb eine Erweiterung und Bereicherung. Besonders bei den grafischen Strukturen und in den neuen Farbskalen zeigte sich das deutlich, sein Zugriff wurde energischer.
Bofi war ein Mensch, der sich nicht verkauft hat, aber er hat sich verschenkt, großzügig! Nicht nur bei Aufträgen war er großzügig und spendabel, was seine selbst bei niedrigem Honorar erbrachten Leistungen beweisen, sondern auch als Gelegenheitsgrafiker hat er Unmengen von schönsten Blättern im Freundeskreis bei gegebenem Anlaß produziert und hergeschenkt. Vorsicht, alle sind sehr lichtempfindlich!
Diese schönen Texte hier sind sein letztes Geschenk. Leider kann er sie uns nicht mehr selbst vorlesen.

Berlin, im Mai 2006
Volker Pfüller

Inhalt

Manfred Bofinger
Der krumme Löffel
Miniaturen einer Kindheit
240 Seiten
ISBN 3-7466-1591-7

»Ein Buch, auf das man eigentlich schon lange gewartet hat.«

Die Welt

Einfühlsam erzählt der bekannte Zeichner Manfred Bofinger von seiner Kindheit im Nachkriegs-Berlin, als der Westen schon golden, aber noch nicht gänzlich unerreichbar war, und in den Trümmern allmählich ein neues, lebenswertes Leben entstand.
Eine Berliner Kindheit in schwerer Zeit, die zugleich stellvertretend für andere Orte und andere Zeiten stehen kann, da es Bofinger in unnachahmlicher Weise versteht, unser eigenes kindlich unbeschwertes und doch so prägendes Erleben und Erfahren wieder wachzurufen.

Mehr von Manfred Bofinger:
Wolfdietrich Schnurre, »Kasimir hat einen Vogel«,
mit Illustrationen von Manfred Bofinger
Heinrich Hannover, »Die untreue Maulwürfin«,
mit Illustrationen von Manfred Bofinger

Mehr Informationen erhalten Sie unter
www.aufbau-verlag.de oder in Ihrer Buchhandlung

aufbau taschenbuch
AUFBAU VERLAGSGRUPPE

Manfred Bofinger
Ein dicker Hund
Geschichten mit Kindern
144 Seiten
ISBN 3-7466-2074-0

»Bofinger erzählt, wie er zeichnet. Mit Talent, Entdeckerfreude und Sinn für Pointen.« THÜRINGER ALLGEMEINE

Wieso kann ein Hund nicht auch mal blau sein? Warum zeichnet Bofinger nur Männer in seinen Witzen? Wieviel Knete braucht ein Kind? Und wer malt eigentlich die ganzen Bilder aus?
Die Antworten auf diese nur scheinbar trivialen Fragen und noch so einiges mehr erfahren wir in Manfred Bofingers Geschichtensammlung, die während seiner unzähligen Reisen im In- und Ausland zu Schulveranstaltungen, Kinderbibliotheken und Lesungen entstanden ist. In jeder Geschichte erzählt Bofinger von einem rührenden wie auch komischen Erlebnis, und mit dem Gespür und der Sensibilität für das Besondere im Alltäglichen macht er dieses Buch zu einer einzigartigen Lesereise.

»Lieber Herr Bofinger, vielen Dank für Ihr schönes Buch! Ich habe mich köstlich amüsiert!«

SABINE NEUBERT, NEUES DEUTSCHLAND

Mehr Informationen erhalten Sie unter
www.aufbau-verlag.de oder in Ihrer Buchhandlung

aufbau taschenbuch
AUFBAU VERLAGSGRUPPE

ISBN-10: 3-351-03079-7
ISBN-13: 978-3-351-03079-7

1. Auflage 2006

Einbandgestaltung Henkel/Lemme unter Verwendung
einer Illustration von Rotraut Susanne Berner
Innengestaltung Torsten Lemme
Druck und Binden Offizin Andersen Nexö, Leipzig
Printed in Germany

www.aufbau-verlag.de